AF454496

LES FEMMES SAUCIALISTES

A-PROPOS MÊLÉ DE COUPLETS

Par MM. VARIN et ROGER DE BEAUVOIR

Représenté pour la première fois, à Paris, sur le théâtre de la MONTANSIER,
le 21 avril 1849.

Prix : 50 centimes.

PARIS

BECK, LIBRAIRE
RUE GIT-LE-COEUR 12
TRESSE, successeur de J.-N. Barba, Palais-National.

1849

LES FEMMES SAUCIALISTES

A-PROPOS MÊLÉ DE COUPLETS,

PAR MM. VARIN ET ROGER DE BEAUVOIR,

Représenté pour la première fois, à Paris, sur le théâtre de la MONTANSIER, le 21 Avril 1849.

<table>
<tr><td>PERSONNAGES.</td><td>ACTEURS.</td></tr>
<tr><td>GIBELOTTE, traiteur.............................</td><td>M. KALEKAIRE.</td></tr>
<tr><td>MADAME GIBELOTTE, sa femme.......................</td><td>Mme MOUTIN.</td></tr>
<tr><td>ARMAND, puis BANCAL............................</td><td>MM. AUGUSTIN.</td></tr>
<tr><td>DRINDRIN, puis PIFFARD, commis voyageur en socialisme....</td><td>LACOURIÈRE.</td></tr>
<tr><td>MADAME NÉNUPHAR, postulante......................</td><td>Mlle THIERRET.</td></tr>
<tr><td>MADAME GIBOYET, présidente du club des femmes........</td><td>MM. GRASSOT.</td></tr>
<tr><td>MADAME LARDON, commise du banquet..............</td><td>BACRE.</td></tr>
<tr><td>MADAME FOSSEUSE, id............................</td><td>Mme PHILIBERT.</td></tr>
<tr><td>PONETTE, écuyère, puis comtesse du Lansquenet...........</td><td>Mlle J. PELLETIER.</td></tr>
<tr><td>MADAME CONSUELO, bas bleu......................</td><td>M. HYACINTHE.</td></tr>
<tr><td>JONQUILLE, nièce de madame Giboyet.................</td><td>Mlle AZIMON.</td></tr>
<tr><td>JERUSALEM, fils de madame Giboyet, gardien de Paris.......</td><td>M. MASSON.</td></tr>
<tr><td>MARITORNE, JEANNETTE, filles d'auberge.................</td><td></td></tr>
</table>

Un salon de restaurateur à la barrière du Maine. On voit, au fond, le jardin.

SCENE PREMIERE.

GIBELOTTE, MADAME GIBELOTTE, ARMAND *.

ARMAND, *sortant de la porte à droite derrière madame Gibelotte.*

Mais, ma marraine...

MADAME GIBELOTTE.

Va te faire fiche !

GIBLOTTE.

Mais, ma femme...

MADAME GIBELOTTE.

Tu m'embêtes !

GIBLOTTE.

Madame Gibelotte, je reprends mes droits d'homme à la fin !

MADAME GIBELOTTE.

Ne me parle pas des droits de l'homme, tant qu'on n'aura pas ajouté les droits de la femme.

GIBLOTTE.

Je ne vous en laisse que trop de droits ! d'abord celui de changer mon enseigne ; j'en avais primitivement une délicieuse : *Au grand saint Fiacre.*

MADAME GIBELOTTE.

Oui !.. il avait mis un grand O, un 5 et un fiacre.

* G. Madame G. A

GIBELOTTE.

Ce rébus était assez ingénieux ! c'était en effet O grand... 5... Fiacre. Plus tard, elle me fait mettre *au dieu Mars!*.. La République arrive, elle me fait changer mon *Mars* en *Ventose*, je vous demande ce que ça signifie : *Au dieu Ventose !*

MADAME GIBELOTTE.

Ventose ou Mars, n'est-ce pas la même chose ?

GIBELOTTE.

Vous raisonnez comme un calendrier !.. Et depuis quelques jours encore une nouvelle enseigne : *Au veau saucial.*

MADAME GIBELOTTE.

C'est là le coup de maître, aristo !.. grâce à ce changement, j'ai obtenu la commande du fameux banquet des femmes ! Madame Giboyet, la présidente, est venue me trouver !

ARMAND, *à part.*

La tante de celle que j'aime !

MADAME GIBELOTTE.

Citoyenne Gibelotte, qu'elle m'a dit, en me serrant le poignet à me le démancher, car c'est une forte femme... citoyenne Gibelotte, combien me prendrez vous par tête ? Voici le menu : Civet sauté, veau froid, salade. Vingt-cinq sous, que je réponds; ça me va qu'elle me dit. J'ai calculé que j'avais cinq sous de bénéfice par tête.

GIBELOTTE.

J'avoue que la spéculation est brillante.

MADAME GIBELOTTE.

Il est vrai qu'elle ma demandé une remise de vingt-cinq centimes pour elle.

GIBELOTTE.

Eh bien! où sera le bénéfice alors?

MADAME GIBELOTTE.

Et l'honneur d'abreuver et de sustenter mes opinions politiques!

ARMAND, *à part.*

Si je pouvais voir Jonquille! elle accompagnera sans doute sa tante!

MADAME GIBELOTTE.

Ainsi donc, monsieur Gibelotte, voilà quatre sous, allez faire le garçon et laissez-moi seule veiller à cet illustre banquet.

GIBELOTTE.

Mais pourtant.

MADAME GIBELOTTE.

Assez! vous savez bien que j'aime peu à frapper les hommes, mais si vous m'y forcez ˙...

Air : *A la fraîche.*

Allons, et point de manière,
Descendez vite au café,
Quatre sous pour vous distraire
Ça m' semble assez étoffé.

ARMAND, *bas à* GIBELOTTE.

Partez, je reste auprès d'elle.

GIBELOTTE.

Si j' pouvais avec quatre sous
M'acheter un' femm' nouvelle
J' fil'rais plus vit'!

MADAME GIBELOTTE.

Filez doux!

REPRISE.

MADAME GIBELOTTE.

Allons et point de manière, etc.

GIBELOTTE.

Pour éviter sa colère
Descendons vite au café,
Quatre sous pour me distraire
Ça n'est pas très étoffé.

ARMAND.

Pour éviter sa colère
Descendez, etc.

GIBELOTTE.

Où nous conduisent les révolutions!.. je vais jouer aux dominos. (*Il sort.*)

SCENE II.

MADAME GIBELOTTE, ARMAND[*].

ARMAND.

Marraine, je me jette à vos pieds!

[*] A. G. Madame G.
[**] A. Madame G.

MADAME GIBELOTTE.

C'est ta place! toi, qui a la grossièreté d'appartenir à ce sexe que j'abhorre!.. que me veux-tu?

ARMAND.

Laissez-moi vous aider dans vos fonctions culinaires... (*A part.*) Je verrai Jonquille.

MADAME GIBELOTTE.

Impossible! des femmes seules serviront ces dames. J'ai déjà retenu la grosse Tonton, celle qui trait les ânesses du pays.

ARMAND.

Si vous saviez avec quelle chaleur je vous servirais.

MADAME GIBELOTTE.

Il n'y a pas besoin de chaleur pour du veau froid...

ARMAND.

Je veux dire que mon zèle...

MADAME GIBELOTTE.

Je te répète que c'est impossible... Lis ce poulet démocratique. (*Elle lui donne la liste qu'il met dans sa poche.*)

Air des *Anguilles.*

Tu verras quels grands personnages
Viennent s'asseoir à ce festin,
Leurs principes sont des plus sages,
Elles mépris'nt le masculin.
A leur banquet, que je fricote,
Aucun homm' ne doit être admis,
Ce sont des femmes sans-culotte,
Les pantalons sont interdits,
Oui, chez les femmes sans-culotte
Les pantalons sont interdits.

ARMAND.

C'est différent! (*On entend un miaulement de chat.*)

MADAME GIBELOTTE.

Ah! ah! j'entends miauler le chat du voisin Topineau... un réac! . j'ai des vues sur cet animal, adieu... et que je ne te retrouve plus ici. (*Elle sort en appelant*) Mimi! mimi! . viens, mimi!

SCENE III.

ARMAND, *seul.*

Comment, Jonquille va venir avec sa tante, et je serais forcé de partir!.. Ah! mon cerveau s'exalte!.. je vais aller chez mon ami Drindrin... il a des idées, il m'en donnera une!.. ah! ouiche! lui qui est lancé dans les intrigues de femmes!.. il n'est jamais chez lui!.. (*On entend dans la coulisse l'air de Drin, drin.*) Mais ce timbre-là... c'est lui!.. et avec une belle femme en amazone!..

SCÈNE IV.

ARMAND, DRINDRIN, PONETTE *.

DRINDRIN.

Air : *Drin, drin, drin.*

Je suis Drindrin, c'est ainsi qu'on m'appelle,
Et ce surnom j'ai su le mériter !
Gai troubadour, près de la plus cruelle
Pour l'attendrir je n'ai qu'à lui chanter,
Drin, drin, et voilà !
Il ne faut pas d'esprit pour ça !
Toujours ce refrain
Est d'un effet certain.

PONNETTE.

Je suis Ponnette, Ponnett' de l'Hippodrôme,
Par l'amour seul je me laisse enchaîner ;
Et, cependant, j'estime assez un homme
Quand dans sa bourse on entend résonner
Drin, drin et voilà !
Il ne faut pas d'esprit pour ça !
Toujours ce refrain,
Est d'un effet certain.

DRINDRIN.

Comment, c'est toi, Armand **?

ARMAND.

J'allais courir chez toi !

DRINDRIN.

Mon ami, je te présente mademoiselle Ponette,
écuyère, qui fait la haute école.

ARMAND.

Mademoiselle tient une école?.. je m'y mettrais
bien en pension.

PONETTE.

Mon cher, mes élèves sont tous à quatre pattes.

ARMAND.

Ça ne fait rien ! on s'y mettrait *** ! (*Avec un
soupir à Drindrin.*) Ah ! mon pauvre ami !..

DRINDRIN.

Qu'as-tu donc?.. tu parais triste et stupide.

ARMAND.

Il y a bien de quoi ! je suis amoureux de mademoiselle Jonquille, la nièce d'une portière du
faubourg du Roule, qui m'a mis à la porte de sa
porte... J'avais occasion de voir aujourd'hui mon
adorée à cause du banquet des femmes socialistes
qui aura lieu tout-à-l'heure dans l'établissement,
et dont la portière susnommée est présidente ..
vous comprenez?

PONETTE.

Y a-t-il des hommes à ce banquet de femmes ?

ARMAND.

Aucun ! voilà le mal ! .

PONETTE.

Un banquet de femmes sans hommes... quel
cabetise !..

* D.P. A.
** P. D. A.
*** P. A. D

DRINDRIN.

Et tu aurais voulu festoyer près de ta belle ?..
Mais quelles sont ces femmes ?..

ARMAND.

Ma foi, j'en ai là une liste, que je n'ai pas encore lue. (*Il la donne.*)

DRINDRIN.

Voyons... (*Lisant.*) « Madame Giboyet, portière,
« rédactrice en chef de la *Voix des femmes*, et
« citoyenne présidente. »

ARMAND.

En voilà une qui a une platine, va!..

DRINDRIN.

« Madame Lardon, ex-cordon bleu, réformée
« pour opinion et pour anse du panier. »

ARMAND.

C'est elle qui avait fondé le club des Verdu-
rières, où on épluchait les ministres.

DRINDRIN.

« Mademoiselle Fosseuse, tenant pâte épila-
« toire, mariages de raison, leçons de guitare et
« taffetas pour les cors. »

PONETTE, *riant.*

Quelle gaillarde !

DRINDRIN.

« Madame Consuelo, magnétiseuse consultante,
« rédigeant les bulletins... » (*Parlant.*) Ah ! je la
connais ! c'est un bas bleu !.. usé!.. qui s'est fait
tricoteuse pour se refaire. (*Lisant.*) « Post-scrip-
« tum. On nous fait espérer, à ce banquet, la pré-
« sence de la célèbre ex-danseuse, comtesse de
« Lans... Lans... Lansquenet. »

PONETTE.

Une ancienne camarade !

DRINDRIN.

« Et celle du célèbre Piffard... qui a rendu de
« si grands services à la cause de la femme libre,
« et que nous n'avons pas encore l'honneur de
« connaître personnellement. » (*Parlé.*) Piffard...
attends donc... je le connais aussi... Il est... ce
que je fus... commis-voyageur en socialisme.

PONETTE.

Ah ! vous avez été...

DRINDRIN.

Mon Dieu ! oui!.. Le club des femmes libres
m'avait distingué... j'étais chargé de recruter pour
la sainte cause des femmes, toujours des femmes... Mon physique m'avait valu cette marque
de confiance.

PONETTE.

Vous n'êtes qu'un fat!..

DRINDRIN.

Ponette, vous m'avez donné le droit de l'être !
(*A Armand.*) Ah ça ! tu veux donc assister à ce
banquet?.. Tu y assisteras.

DRINDRIN.

On attend Piffard... Je serai ce Piffard

PONETTE.

Et moi' !.. on attend la célèbre danseuse, comtesse de Lansquenet, je serai la susdite... ça m'amusera plus qu'un tête-à-tête avec monsieur...

DRINDRIN.

Merci !.. mais dépêchons! Viens, Ponette ; toi, Armand, rejoins-nous le plus tôt possible.

ENSEMBLE.

Air : *Marguerite.* (du Val d'Andorre.)

C'est très drôle
Un tel rôle,
Quel coup de dents au banquet !
L'heure presse,
(*A Ponnette.*)
Viens, comtesse,
Comtesse de Lansquenet.

(*Ils sortent.*)

SCENE V.

ARMAND, *puis* JÉRUSALEM, *puis* MADAME GIBELOTTE.

ARMAND.

Me voilà lancé dans une diable d'affaire... mais bah! pour voir Jonquille... (*On entend sonner quatre heures.*)

JÉRUSALEM*, *entrant.*

Vous êtes de la maison, jeune homme?

ARMAND.

Non... mais voici la maîtresse.

MADAME GIBELOTTE**.

Encore ici, toi?.. quatre heures viennent de sonner... Je t'ai dit qu'aucun pied d'homme ne peut fouler ce sol-ci... décampe !..

ARMAND, *à part.*

Allons rejoindre Drindin. (*Il sort.*)

MADAME GIBELOTTE.

Tiens ! un gardien de Paris.

JÉRUSALEM.

N'avez-vous pas un banquet chez vous, aujourd'hui ?

MADAME GIBELOTTE.

Oui ! après ?

JÉRUSALEM***.

Un banquet de femmes ?

MADAME GIBELOTTE.

C'est possible !

JÉRUSALEM.

Ça sera-t-il nombreux ?

MADAME GIBELOTTE.

Peut-être bien !

* D. P. A.
** J. A.
*** J. A. Madame G.
**** J. Madame G.

JÉRUSALEM.

Femme Gibelotte , faites attention à celle que vous leur servirez !

MADAME GIBELOTTE.

De quoi vous mêlez-vous ?

JÉRUSALEM.

Il nous est revenu que vous faisiez la chasse à des animaux prohibés!

MADAME GIBELOTTE.

C'est faux !

JÉRUSALEM.

Le quartier a exhalé des rumeurs !

MADAME GIBELOTTE.

Ils en ont menti!

JÉRUSALEM.

Suffit !.. que tout se passe avec la décence et la civilisation nécessaires !

MADAME GIBELOTTE.

Avez-vous fini? (*Deux servantes entrent portant une banquette, qu'elles placent à gauche.*)

JÉRUSALEM.

Suffit !.. on aura l'œil sur la chose*!

MADAME GIBELOTTE, *appelant.*

Jeanneton!.. Maritorne!.. balayez-moi ce fonctionnaire ! (*Les servantes prennent des balais.*)

JÉRUSALEM.

Inutile... on s'en va !.. On y aura l'œil. (*Les deux servantes balayent sur les pieds de Jérusalem ; il sort.*)

SCÈNE VI.

MADAME GIBELOTTE, *puis* TOUTES LES FEMMES.

MADAME GIBELOTTE.

Bon voyage !.. (*Aux deux servantes.*) A nous maintenant, citoyennes !.. remarquez que je vous parle d'égale à égale... Citoyennes , mes sœurs, n'oubliez pas les ordres que je vous ai donnés, ou je vous chasse, sans vous payer, à grands coups de manche à balai! (*On entend un brouhaha.*) Je les entends!.. Attention !.. Portez armes !.. (*Les deux servantes font l'exercice avec leurs balais. Entrent mesdames Giboyet, Jonquille, Fosseuse, Lardon, Cabeston, Éloa et autres ; on porte la présidente en triomphe.*)

ENSEMBLE.

Air : *Guerre au tyran.*

Gloire aux jupons ! Jamais en France,
Jamais l'homme ne régnera**.

MADAME GIBOYET.

Jour de Dieu ! je n'ai jamais été portée ainsi depuis le jour le plus mémorable de mon existence !

* Madame G. J.
** J. F. Madame G. L. C. (*Les autres femmes de chaque côté.*)

TOUTES.

Quel jour ?

MADAME GIBOYET.

Vous êtes trop jeune pour savoir ça ! (*A part.*)
Je dis trop jeunes... je les flatte pour conserver
la présidence... (*Toutes remontent excepté Jonquille.*) Eh bien ! qu'as-tu donc, Jonquille, ma
chère nièce ?.. car tu m'es chère... (*A part.*) Au
fait, je n'ai plus qu'elle !.. O Floréal !..

JONQUILLE.

Mais je n'ai rien, ma tante !

MADAME GIBOYET, *bas.*

Ne fais pas la mou... ou quand nous rentre-
rons...

JONQUILLE.

Dame ! ça ne m'amuse pas vos banquets... Si
du moins il y avait des petits jeunes hommes !..

MADAME GIBOYET.

C'est ça... des pigeons !.. tu te rattraperas sur
le veau !

JONQUILLE, *à part.*

Ah ! je m'en moque bien !

MADAME GIBOYET, *à sa nièce.*

Pauvre chérie ! tu es aujourd'hui telle que j'é-
tais le jour où ce bon M. Robespierre...

MADAME CABESTAN.

Vous l'avez connu, madame Giboyet ?.. (*Jonquille remonte.*)

MADAME GIBOYET.

Un peu, madame Cabestan !.. C'était ça un phi-
lanthrope !.. Ce qui ne l'empêchait pas de se vêtir
avec infiniment de chic... toujours de très beau
linge !.. (*Soupirant.*) Dans ce temps-là du moins
les hommes... c'était du propre... et maintenant
j'ai un propriétaire qui porte des gilets de la
Belle-Jardinière !.. crasseux, va ! (*Elle tourne sa
tabatière.*) En usez-vous, madame Lardon ? c'est
ce bon M. Lebon qui m'a fait ce cadeau, le soir
même du jour le plus mémorable...

TOUTES.

Mais quel jour ?..

MADAME GIBOYET.

Oh ! je ne peux pas !.. Madame Gibelotte, eh
bien ! avez-vous fait décemment les choses ?

MADAME GIBELOTTE, *s'approchant.*

La citoyenne présidente sera satisfaite.

MADAME GIBOYET, *la prenant à part.*

Et vous m'avez réservé...

MADAME GIBELOTTE.

Oui, citoyenne.

MADAME GIBOYET.

Oh ! c'est que la présidente doit veiller à tous
les détails.

Air du *Caïd.*

Dans cet emploi, vraiment j'excelle,
Pour présider la bande fraternelle
Il faut, parfois, un peu crier :

Mais, j'ai le soin d'humecter mon gosier,
Car je ne sors jamais sans ma topette.

(*Elle tire sa topette et boit.*)

Je m'en vais donc, corbleu,
Me tamponner un peu.
Du veau froid, du vin bleu,
    Quelle fête !
    Ah ! ah ! ah !...
Glou, glou, glou...
Que c'est bon, que c'est doux !
Glou, glou, glou...
Ça coûte un franc par tête.
Ah ! que c'est bon ! Ah ! que c'est doux !
Glou, glou, glou...

MADAME LARDON.

La dernière fois que nous sommes venues, le
lapin était assez frais !

MADAME GIBOYET.

Soyez tranquille ! ce sera le même qu'on nous
servira tout-à-l'heure.

MADAME LARDON.

C'est si rare, une bonne gibelotte.

MADAME GIBOYET

Il faut dire aussi que les lapins d'aujourd'hui
ne valent pas ceux de la première république.

ÉLOA.

Ah ! que n'avons-nous vécu du temps de la
déesse de la Raison !..

MADAME GIBOYET.

Ah ! sapristi ! vous me rappelez cette nymphe !

TOUTES.

Vous l'auriez connue ?

MADAME GIBOYET.

Mieux que ça ! je l'ai faite !.. C'est vous qui me
forcez à cet aveu. J'ai aussi représenté la déesse
de la Liberté !

MADAME FOSSEUSE.

Quel honneur pour nous !.. Contez-nous donc
ça !...

MADAME GIBOYET.

Volontiers... C'était en floréal... je me le re-
mémore !

Air : *On dit que je suis sans malice.*

Je n'étais presque pas vêtue,
Je semblais sortir de la nue,
Ah ! sacrebleu ! que j'étais bien !
Mais il faisait un froid de chien.
Grâce à mon républicanisme,
J'ai gagné plus d'un rhumatisme,
Et voilà, de la liberté,
Hélas ! tout ce qui m'est resté,
Voilà tout ce qui m'est resté.

(*A part.*) Quand je dis tout... il m'est resté
aussi... mais oublions cette folie !

MADAME LARDON.

C'était un heureux temps que celui-là, madame
Gibouyet !

MADAME GIBOYET.

Oh! oui! l'heureux temps! Je prenais des leçons de Vestris, je tirais le sabre avec M. Tautain, et je me cravachais en plein boulevard avec mademoiselle Raucourt.

SCÈNE VII.

LES MÊMES, PONETTE. (*Elle se place entre Madame Giboyet et Madame Lardon.*)

PONETTE.

Qui parle de cravacher? me voilà!

MADAME LARDON.

Quelle est cette citoyenne?..

PONETTE.

La citoyenne comtesse de Lans...

TOUTES.

De Lans?..

PONETTE.

Quenet.

MADAME GIBOYET, *à part.*

Fichtre! je la croyais en Bavière.

PONETTE.

J'ai couru la poste incognito... Vous vous réunissez contre les hommes... j'en suis!

Air : *Je déjeune à Dorsay.*

J'ai vu bien des pays,
Mais j'aime mieux Paris,
  Paris est la cité
De l'amour, de la liberté.
De Lansquenet vous voyez la comtesse,
J'arrive à temps pour soutenir mes droits.
J'ai cravaché, lisez plutôt *la Presse*,
Naguère encor un mari bavarois.
  A Berlin j'ai traité
  Des gens de qualité
  De drôles, de pékins,
Les officiers sont pour moi des faquins.
Est-il besoin de porter la moustache,
Mes sœurs, pour mettre à l'ordre, amants, époux;
J'ai, jusqu'ici, régné par la cravache,
Mais à présent je veux régner par vous.
  Mon palais est volé
  Mon hôtel est brûlé
  J'en ris et viens sans fard
Polker ici sous l'archet de Musard.
Chaque pays se fait démocratique
Rester comtesse est par trop rococo,
Quand dans sa course on voit la république.
Se faufiler jusques à Monaco.
  On me chasse, morbleu!
  Mais ils verront beau jeu!
  Un jour tous ces gens-là
Regretteront le règne de Lolla!
On pourra bien noircir un peu ma gloire,
De vils pamphlets on pourra m'abreuver,
Prendre mes biens, mais j'ai pour moi l'histoire

Qui, tôt ou tard, viendra me relever !
  J'ai vu bien des pays, etc.

(*Ici Jonquille reprend sa place près de sa tante.*)

MADAME LARDON.

Citoyennes, nous sommes toutes égales, mais l'honneur que nous fait la comtesse... Je propose qu'elle préside aujourd'hui le banquet.

TOUTES.

Oui! oui!

PONETTE.

J'accepte.

MADAME GIBOYET.

Et moi?..

MADAME LARDON.

Vous serez vice-présidente. (*A part.*) Elle est vexée !..

MADAME GIBOYET, *à part.*

Vice-présidente !.. ô fureur!

PONETTE.

Ouvrons la séance! Vous, Madame, je vous prie d'être secrétaire.

MADAME LARDON.

Volontiers, mais c'est un mobile qui fait mes comptes.

MADAME GIBOYET.

Madame Cabestan...

MADAME CABESTAN.

C'est mon mari qui tient la plume.

MADAME GIBOYET.

Ah! c'est juste... il est matelassier!.. Alors, madame Robinet...

MADAME ROBINET.

C'est mon cousin Victor qui écrit pour moi.

PONETTE, *montrant Jonquille.*

Mais cette demoiselle...

MADAME GIBOYET.

Ma nièce? ah! grand Dieu! vous n'en ferez jamais une bonne socialiste! pas les moindres dispositions !

PONETTE.

Avant ce soir, elle sera des nôtres!.. Je connais le collègue du citoyen Piffard, M. Cicéron Bancal, qui a fait tant de prosélytes parmi nous; il l'entreprendra...

JONQUILLE, *à part.*

Ah! mon Dieu! (*On entend du bruit.*)

LES DEUX SERVANTES DE FACTION.

On ne passe pas!

DRINDRIN.

Moi, ne pas passer! Piffard! le grand Piffard!..

TOUS.

Monsieur Piffard!

PONETTE.

Laissez entrer!

SCÈNE VIII.

Les mêmes, DRINDRIN, ARMAND.

DRINDRIN.

Citoyennes, je ne suis pas un intrus... Je vais me faire connaître.

PONETTE.

C'est inutile ! votre réputation est faite, vous êtes admis !

DRINDRIN.

Quant à ce jeune homme, c'est mon intime, le célèbre Cicéron Bancal !

TOUTES.

Bancal !

DRINDRIN.

Qui veut bien honorer ce banquet de son auguste présence !

MADAME GIBOYET.

Est-il orateur ?

DRINDRIN.

De première force ! faisant le discours et le coup de poing à volonté.

ARMAND.

Je professe la savate !

DRINDRIN.

Dernièrement, il a poché l'œil à un individu qui osait soutenir la famille.

MADAME GIBOYET.

Jeune homme, cette action est assez démoc... et soc... mais vous portez des lunettes... Auriez-vous la cocotte ?

ARMAND.

Non, citoyenne, mais j'arrive de l'Icarie...

DRINDRIN.

Et l'aspect des trésors de cette contrée l'a tellement ébloui...

ARMAND.

Citoyennes...

PONETTE.

Point de phrases, Cicéron, mettez-vous à l'œuvre.

ARMAND.

A l'œuvre ?...

PONETTE.

Nous avons ici une rebelle ; il faut la convertir à notre sainte cause.

ARMAND.

Très volontiers !.. Où ce qu'elle est ?

TOUTES.

La voici !

JONQUILLE, *à part.*

Ah ! mon Dieu ! je tremble.

ARMAND.

Je vais faire descendre sur elle la rosée de mon éloquence !.. (*A Jonquille.*) Mademoiselle... ou plutôt citoyenne... (*Bas.*) Je suis Armand.

JONQUILLE, *surprise.*

Ah !

ARMAND.

Je ne vous demande qu'un quart-d'heure d'entretien particulier.

MADAME GIBOYET.

Elle est capable de refuser, la petite cruche !

JONQUILLE.

Avec plaisir, citoyen.

TOUTES.

C'est fabuleux !

MADAME GIBOYET.

Quel pouvoir fascinateur !

ARMAND.

Acceptez mon bras... (*Aux autres.*) Citoyennes, je justifierai votre confiance !

ENSEMBLE.

Air : *Un château.*

ARMAND.

Oui, je veux, aujourd'hui,
Vous montrer mon savoir-faire,
Et prouver que je suis,
Votre frère,
Et votre appui.

LES AUTRES.

C'est Bancal ! c'est bien lui !
Nous verrons son savoir-faire,
Qu'il devienne, aujourd'hui,
Notre frère,
Et notre appui !

(*Armand, Drindrin et Jonquille sortent ; les femmes se placent à gauche, ponette monte à la tribune qui est à droite.*)

SCÈNE IX.

Les mêmes, *moins* ARMAND ET JONQUILLE.

MADAME GIBOYET.

Plairait-il à la nouvelle présidente d'ouvrir la séance ?

PONETTE.

Ça lui plaît !.. mais une sonnette... nous en en manquons .. Citoyenne Gibelotte, apportez ce qu'il faut pour sonner !

TOUTES.

L'ordre du jour !

MADAME GIBOYET, *qui s'est placée à une petite table qui est devant la tribune.*

L'ordre du jour est le nouveau code des femmes.

MADAME GIBELOTTE, *rentrant.*

Je n'ai pas de sonnettes, mais voici.

(*Elle donne une casserole et une cuillère à pot.*)

PONETTE.

Très bien ! la parole est à la citoyenne.

SCÈNE X.

Les mêmes, MADAME NÉNUPHAR.

MADAME NÉNUPHAR, *aux servantes.*

Arrière, vils satellites !.. enfin, m'y voilà.

MADAME GIBOYET.

Une inconnue !

MADAME NÉNUPHAR.

Présidente, et vous, citoyennes, je m'appelle Nénuphar, madame Nénuphar... car j'ai le malheur d'être épouse et mère.

MADAME GIBOYET.

Pauvre petite !

MADAME NÉNUPHAR.

Je ne suis qu'une humble et jeune postulante... mais si un cœur chaud, une imagination passionnée, une âme fiévreuse et des sentiments frénétiques sont des titres à votre faveur. .

MADAME GIBOYET.

C'en sont.

MADAME NÉNUPHAR.

Du reste, je suis connue de la citoyenne Consuelo, qui va se rendre ici.

MADAME GIBOYET, *à part.*

La Consuelo, tant mieux, elle me soutiendra.

PONETTE, *à madame Nénuphar.*

Prenez place, femme intéressante. (*Frappant dans la casserole.*) La parole est à la citoyenne Giboyet.

MADAME NÉNUPHAR.

Parlez ! parlez ! j'ai soif de vos saintes doctrines ! j'ai besoin de recueillir la manne de vos paroles !

TOUTES.

Oh ! parlez ! parlez !

PONETTE.

Silence ! (*Elle frappe dans la casserole.*)

MADAME GIBOYET, *à la tribune.*

Citoyennes, depuis longtemps le sexe faible dont je m'honore de faire partie éprouve le besoin de jeter son mollet par dessus les moulins... Depuis trop longtemps nous subissons le joug de cet animal qu'on nomme homme, je ne sais pas pourquoi !...

TOUTES.

Bravo ! bravo !

MADAME GIBOYET.

Car enfin, citoyennes, qu'est-ce que l'homme ? Je n'ai pas besoin de vous le dire, vous le savez aussi bien que moi, c'est un tyran qui fait des lois tandis que nous lui faisons sa ratatouille... et de quels droits s'arroge-t-il cette omnipotence ? Est-ce à cause de la barbe ?... mais je connais pas mal de femmes qui sont ornées de ce duvet ! j'en ai, moi, je m'en pique, et je ne suis pas la seule !

TOUTES.

Parbleu !

MADAME GIBOYET.

Du reste, qu'est-ce qu'ils ont de plus que nous, ces drôles-là ? Dieu nous a fait belles, Dieu nous a fait gracieuses... quant aux hommes, ils sont affreux de la tête aux pieds... et nous sommes leurs vassales !... Infamie !... Jeunes filles, qui rêvez l'a-

mour, femmes mûres, qui admirez les formes de l'Apollon et du Spartacus, reconnaissez-vous pour maîtres ces êtres burlesques qui se coiffent le soir d'un bonnet de coton ?

MADAME NÉNUPHAR.

Non, non, ça crispe les nerfs !

MADAME GIBOYET.

Citoyennes, le jour de l'émancipation est arrivé, il faut briser nos chaînes !

TOUTES.

Oui, oui, brisons-les !

ENSEMBLE.

Air de la *Marseillaise.*

Aux armes, cotillons !
Formons nos bataillons !
Marchons !
Marchons !
Et les maris porteront les jupons.

PONETTE.

Maintenant, voici le nouveau code d'émancipation qu'on vous propose : Article premier. **La femme pourra aller et venir... l'homme ne la suivra nulle part.**

MADAME NÉNUPHAR.

C'est ça ! le divorce ! le divorce !

PONETTE.

La proposition est-elle appuyée ?

TOUTES, *se levant.*

Oui, oui, le divorce !

MADAME NÉNUPHAR.

Je demande à être rapporteuse de la proposition !.. Portez-moi, mes sœurs, ah ! portez-moi !... (*Madame Giboyet et d'autres femmes la soutiennent.*)

MADAME GIBOYET.

C'est une charge ! c'est une forte charge !

SCÈNE XI.

LES MÊMES, MADAME CONSUELO, *bas bleu et l'œil poché. On entend dans la coulisse jouer de l'accordéon* .

PONETTE.

Quelle est cette musique ?

MADAME GIBOYET.

C'est la Consuelo.

MADAME LARDON.

La Sapho de la République.

MADAME GIBOYET.

Je reconnais le son de sa lyre. (*Consuelo entre en jouant de l'accordéon.*)

TOUTES.

La voilà !

MADAME CONSUELO.

Air : *Faisons la paix.*

Oui, c'est bien moi (*bis.*)
Quoique ma taille ait du volume,
On me dit légère... ma foi.
Je suis une femme de plume,
Voilà pourquoi !

Pardon, si je suis en retard, mais je viens de chez un ex-ministre, qui était en train de culotter une pipe... et j'ai travaillé avec lui.

MADAME LARDON.

Qu'est-ce qu'il vous est donc arrivé, citoyenne? vous avez l'œil au beurre noir.

MADAME CONSUELO.

Ce n'est rien, c'est une taloche.

MADAME GIBOYET.

Vous avez boxé?

MADAME CONSUELO.

J'ai sur mon carré un délégué des colonies, un noirot, nous causons parfois politique... le soir, chez mon portier... Hier, il m'a soutenu que la société tournait au noir! je lui ai répondu : t'en as menti, c'est au rouge... Il m'a répliqué, citoyenne, vous aimez *le roux!*.. Je lui ai flanqué de mon pied entre les basques de son habit, et cet homme de couleur m'a fait un bleu!

MADAME NÉNUPHAR.

Ah! je voudrais l'avoir reçu.

MADAME CONSUELO.

Si je pouvais vous le repasser.

PONETTE.

Citoyenne, cet accident vous embellit à nos yeux!

MADAME GIBOYET.

Vous arrivez à propos, nous étions en train de discuter...

MADAME CONSUELO.

C'est ça! tâchons de nous livrer à un tas d'élucubrations politiques... Ah! si on m'avait écoutée, j'avais des plans de réforme. . crédié! quels jolis petits plans !

Air : *Montagnard ou berger.*

Les montagnards les plus malins
N'étaient près d' moi que des galopins,
Et de la république
Je baclais les bull'tins,
Oui, mais, alors, dans tout Paris,
On ne voyait que des débris.
Le marchand fermait boutique,
J'aimais fort ce gâchis,
Mais l'ordre dans la cité
A r'pris l'autorité :
On m'a gâté
Ma belle liberté.
Vivre au milieu des barricades,
Et voir l'émeute en sa fureur,

Braver les fusillades,
Voilà le vrai bonheur!

TOUTES.

Vivre au milieu des barricades, etc.

MADAME GIBOYET.

Vous allez nous aider à rédiger le code des femmes.

MADAME CONSUELO.

Avec plaisir!.. j'ai là dessus des idées... je propose un paragraphe : Toutes les femmes sont éligibles.

TOUTES.

Très bien !

MADAME NÉNUPHAR, *avec un sentiment de pudeur.*

L'adultère sera-t-il une cause d'exclusion ?

MADAME CONSUELO.

Est-elle godiche celle-là!.. c'est bon pour les hommes... L'adultère sera une cause d'admission.

MADAME NÉNUPHAR, *vivement.*

J'en suis !

MADAME CONSUELO.

Les femmes fourniront la bonne moitié des représentants, ce ne sera pas malheureux.

Air : Vaudev. de *Partie et Revanche.*

Cette moitié sera la plus utile,
Et brillera par ses attraits !
La chose n'est pas difficile,
Car, hélas ! d'après leurs portraits !
Nos représentants sont fort laids !
On dirait des caricatures :
Quoique plus d'un, m'a-t-on dit, soit flatté,
O mon pays, par de telles figures,
N'es-tu pas fier d'être représenté,
Ah ! que tu es donc bien représenté !

PONETTE.

L'article est adopté sans discussion.

TOUTES.

Sans discussion.

MADAME GIBOYET, *bas à Madame Consuelo.*

Cette péronelle m'a soufflé la présidence, aidez-moi à la dégommer.

MADAME CONSUELO.

Suffit!.. (*Haut.*) Je n'avais pas remarqué notre nouvelle présidente. (*Saluant.*) Madame... (*Aux autres.*) Qui est-elle?

MADAME LARDON.

La fameuse comtesse de Lansquenet.

MADAME CONSUELO.

Comtesse!.. une comtesse!.. Et c'est parce qu'elle est comtesse que vous l'avez choisie?.. Vous êtes donc aristocrates... alors je demande Louis XIV, qu'on me ramène Louis XIV.

PONETTE.

Mais, citoyenne.

MADAME CONSUELO.

Ça fait pitié !.. d'abord vous n'êtes qu'une comtesse de contrebande.

PONETTE.

Ah! mais, prenez garde, quand on me taquine,
je cravache [*]!..

MADAME CONSUELO.

Vous, ma petite!.. votre colère m'amuse...
puisque vous êtes Bavaroise, vous avez le droit
de monter comme une soupe au lait.

PONETTE.

Air : *Ces postillons*, etc.

Vous caponnez, ma belle romancière
Convenez-en, vous avez peur !

MADAME CONSUELO.

Non, non, vraiment, Pompadour de Bavière,
Mais me commettre avec vous... Par pudeur,
Je ne dois pas vous faire un tel honneur !
Je vaux un peu mieux que vous, je pense,
Un roi, jamais n' fut mon amant, je croi.

PONETTE.

Vous vous trompez ! car j'entends dire en France,
Que tout le monde est roi !..

(*Dridrin rentre par le fond.*)

MADAME CONSUELO.

Vous voulez donc recevoir une trépignée. (*Ici
l'on joue quelques mesures de la Fricassée.*)

PONETTE, *s'avançant.*

C'est ce que nous allons voir.

DRINDRIN, *s'interposant.*

Halte-là ! halte-là ! sexe enchanteur [**].

MADAME CONSUELO.

Quel est ce bipède?

PONETTE.

L'illustre Piffard !

MADAME CONSUELO.

Ça, Piffard !.. je connais Piffard, ceci est une
contrefaçon !

TOUTES.

Par exemple!

DRINDRIN.

Eh bien! elle a raison, je ne suis pas Piffard, je
suis venu pour me moquer de vous... et je m'en
moque.

MADAME GIBOYET.

Ah! petite canaille!.. (*Elle se jette sur lui.*)

ENSEMBLE.

Air : *Ah ! quelle société* (Lecture-folie.)

De la société

Ah ! chassons-les bien vite,
Ah ! Dieu! quelle conduite,
Ah ! quelle indignité !

DRINDIN ET PONETTE.

Quelle société !

Ah! quittons-la bien vite,
Ah! Dieu ! quelle conduite,
Ah ! quelle indignité !

(*Tout le monde sort, excepté madame Giboyet et
Consuelo.*)

[*] L. C. G. P. N.
[**] L. G. C. D. P. N.

SCENE XII.

MADAME GIBOYET, MADAME CONSUELO [*]

MADAME GIBOYET.

Je reprends ma suprématie. (*Criant.*) Ah !

MADAME CONSUELO.

Vous tombez d'un mal !

MADAME GIBOYET.

Une idée qui me vient! si ce Bancal que m'a
présenté ce faux Piffard n'était lui-même qu'un
faux Bancal.

MADAME CONSUELO.

Pour en faire un vrai, vous n'aurez qu'à lui cas-
ser une patte !

MADAME GIBOYET.

C'est que voilà une demi-heure qu'il convertit
ma nièce et je ne sais pas dans quels bosquets.

MADAME CONSUELO.

Giboyet, vous m'affligez... vous vous occupez
de pareilles vétilles... vous, une femme libre !

MADAME GIBOYET.

Dame! c'est que ma nièce...

MADAME CONSUELO.

Est-ce qu'une femme libre a des nièces... et
quand même elle serait votre fille... ou votre fils!...

MADAME GIBOYET.

Mon fils!.. Oh! celui-là, par exemple !

MADAME CONSUELO.

Comment celui-là?...

MADAME GIBOYET.

Je dis celui-là.. si j'en avais un ! (*A part*) O
Floréal !

MADAME CONSUELO.

Ma sœur, nous avons à tripoter des questions
plus graves !.. Ça va mal, mère Giboyet... notre
sainte cause tourne en eau de.... ce que vous
savez !

MADAME GIBOYET.

Hélas ! les temps sont durs ! Ça fait frémir
comme les femmes sont pot-au-feu !

MADAME CONSUELO.

Le fait est qu'il y a bien peu de femmes comme
nous !

MADAME GIBOYET.

Nous sommes un sexe à part !

MADAME CONSUELO.

Ah ! tout n'est pas rose dans le socialisme !

MADAME GIBOYET.

La réaction va son petit bonhomme de chemin!

MADAME CONSUELO.

Aimez-vous la rue de Poitiers... vous ?

MADAME GIBOYET.

Oh! je ne voudrais pas y être en statuette !

MADAME CONSUELO.

Ce sont ces gueux de bourgeois qui nous met-
tent des bâtons !... Des gens sans idées !

[*] Mesd. C. G.

MADAME GIBOYET.

Sans élévation !.. ils ne veulent pas qu'on les vole, ils ne veulent pas qu'on les ruine, ils ne veulent pas qu'on les tue ..

MADAME CONSUELO.

Ils sont si égoïstes !

MADAME GIBOYET.

Les brigands nous donneront du fil à retordre.

MADAME CONSUELO.

Ils nous victimeront !.. moi, je m'attends à être victimée...

MADAME GIBOYET.

Eh bien ! qu'on nous arrête !.. qu'on nous jette en pâture aux tribunaux !

MADAME CONSUELO.

Je ne me défendrai pas !.. mais je leur dirai de gros mots !...

MADAME GIBOYET.

Et moi donc !... je frapperai les huissiers.

MADAME CONSUELO.

Nous insulterons les juges.

MADAME CONSUELO.

Nous agonirons les gendarmes !

MADAME CONSUELO.

Et nous périrons ensemble !

MADAME GIBOYET.

Ah ! ma sœur !.. (*Elles s'embrassent.*) Cependant, comme on peut nous séparer... je veux vous laisser un souvenir de fraternité !... (*Elle se coupe une mèche de cheveux.*)

MADAME CONSUELO.

J'y pensais !... (*Elle s'en coupe une aussi.*)

MADAME GIBOYET.

Air : *Ce rendez-vous accordé pour un autre.*
(Filles du docteur Gymart.)

De mes cheveux recevez cette mèche,

MADAME CONSUELO.

De cette boucle-acceptez le cadeau !

MAMAME GIBOYET, *regardant la boucle.*

Un cheveu gris !.. eh bien ! vous voilà fraîche.

MADAME CONSUELO.

Vous qui parlez, j'en vois un blanc très beau !

MADAME GIBOYET.

Cette couleur est par trop monarchique,
Et cela prête à rire aux malveillants !

MADAME CONSUELO.

Il est certain que, sous la République,
On aurait dû supprimer les ch'veux blancs.

ENSEMBLE.

On devrait bien supprimer les ch'veux blancs !

MADAME CONSUELO.

Maintenant, ma sœur, pendant que nous sommes seules... réglons nos petits comptes.

MADAME GIBOYET.

Quels comptes ?

MADAME CONSUELO.

Vous savez, pour le dernier banquet hors bar-

rière, moi, qui tiens la caisse, j'ai fait le calcul, vous redevez six francs cinquante centimes.

MADAME GIBOYET.

Qu'est-ce que vous me chantez?.. c'est moi qui suis en avance... j'ai mis quatre sous de ma poche.

MADAME CONSUELO.

Quatre sous? où a donc passé la recette ?

MADAME GIBOYET.

J'ai payé les voitures... il y avait des remises !

MADAME CONSUELO.

Ah ! ah ! on sait ce que c'est que vos remises!

MADAME GIBOYET.

Plaît-il?

MADAME CONSUELO.

Giboyet, vous êtes jolie , vous êtes aimable , mais vous faites de la carotte un légume par trop fraternel.

MADAME GIBOYET.

Ah! mais, vous commencez à m'embêter crânement.

MADAME CONSUELO.

Tu n'es qu'une vieille portière.

MADAME GIBOYET.

Et toi, qu'une grande saltimbanque.

MADAME CONSUELO.

Tais-toi, ou je vas peigner ta filasse !

MADAME GIBOYET.

Mais, viens-y donc ! mais, viens-y donc !

(*Elles se battent; on entend des cris de joie dans le jardin.*)

MADAME CONSUELO.

Motus! voici nos sœurs ! feignons l'accord le plus touchant ! (*Elles s'embrassent.*)

SCÈNE XIII.

LES MÊMES, TOUTES LES FEMMES [*].

ENSEMBLE.

Air : *Adieu ! le cor résonne aux bois.*

A cette table asseyons-nous,
Nous voilà loin de nos époux,
Vive à jamais notre bon droit !
Et la salade et le veau froid !

(*Pendant ce chœur, on apporte une table servie.*)

MADAME GIBOYET.

A table, mes sœurs, à table, et mangeons .. on n'est pas de fer... Le coffret a besoin de se rafistoler un peu ! (*On se place.*)

REPRISE DU CHŒUR.

A cette table, etc.

MADAME CONSUELO, *se levant.*

Mes sœurs, j'inaugure ce banquet en portant la santé de notre présidente !

TOUTES, *se levant.*

A la santé de la présidente !

[*] Mad. C. trois dames. Mesd. G. L. trois dames. Mad. N.

MADAME GIBOYET.

Vous me confusionnez !

MADAME CONSUELO, *à part.*

Vieille coquine !

MADAME NÉNUPHAR.

Ah ! que cette réunion est grande et solennelle ! (*Un entend le bruit des fourchettes.*) Quelle harmonie !

MADAME LARDON.

Mes sœurs , voilà une fricassée qui m'est suspecte !... quel est le massacre qui a cuisiné ceci ?

MADAME GIBELOTTE.

Qu'appelez-vous massacre?... c'est moi!...

MADAME LARDON.

Vous ! je demande sa tête !

MADAME GIBELOTTE.

Elle demande ma tête !

MADAME LARDON.

Non, celle de l'animal... je verrai bien si c'est un chat !

MADAME GIBOYET·

Ah ! qu'est-ce que ça fait ? nous ne sommes pas des aristos...

MADAME LARDON.

C'est égal, ça n'est pas flatteur au palais.

MADAME CONSUELO.

Les socialistes n'ont point de palais... d'ailleurs, le gargotier est dans son droit !

Air du *Charlatanisme.*

On doit louer un tel traiteur,
Ses principes sont notre ouvrage,
Ici, comme restaurateur ,
Il entend très bien le partage.
Oui, je soutiens qu'en résultat
C'est du plus pur socialisme,
En nous offrant un pareil plat !
Moitié lapin et moitié chat,
N'a-t-il pas fait du communisme.

TOUTES.

Oui, c'est bien là du communisme !

MADAME NÉNUPHAR, *se levant.*

A l'intelligence des masses !

MADAME GIBOYET.

Ah ! quelle femme !... aux masses !

TOUTES.

Aux masses ! (*On boit.*)

MADAME GIBOYET, *se levant.*

A la force physique !

MADAME LARDON, *de même.*

A l'anéantissement de l'exploitation de la femme par l'homme !

MADAME CONSUELO, *de même.*

Aux femmes martyres !

MADAME GIBOYET, *de même.*

A nos sœurs de Saint-Lazare !

TOUTES.

A nos sœurs de Saint-Lazare ! (*On boit.*)

MADAME CONSUELO.

Mes sœurs, ne nous séparons pas sans porter un dernier toast au maire du treizième arrondissement !

TOUTES.

Bravo ! bravo ! (*On se lève et on emporte la table.*)

CHŒUR.

Air du *Père Lamourette.*

Après ce joyeux banquet,
Il faut enfin quitter la table ;
Oui, quittons-la sans regret,
Car notre plaisir est complet !
  Ce repas admirable,
  Ce civet adorable,
  Et ce vin délectable,
  Sont bien selon nos goûts ;
  Chantons, rions, amusons-nous.

MADAME LARDON.

Mêlons les jeux, les ris
  A la politique
    Démocratique ;
  Loin de notre logis,
Mais, surtout, loin de nos maris
  Ennuyeux à périr.
L'un commande en despote,
L'autr' veut qu'on le dorlotte,
Ils ne sav'nt que dormir,
Il faut vraiment les abolir !

REPRISE DU CHŒUR

Après ce joyeux banquet, etc.

(*Pendant cette reprise on se lève et on emporte la table.*)

MADAME GIBOYET.

Allons, allons, assez rigolé comme ça !.. il s'agit d'enfler la tirelire !

MADAME CONSUELO.

Donnez, mes sœurs !.. donnez !.. nous en avons besoin... Le socialisme manque de fonds... Donnez-vous, madame Nénuphar ?

MADAME NÉNUPHAR, *avec exaltation.*

Si je donne !.. si je donne !.. Ah ! citoyennes, quand vous connaîtrez l'enthousiasme avec lequel... quand on a cassé la croûte ensemble... (*Elle veut les embrasser.*)

MADAME GIBOYET ·.

Elle est en ribotte !

MADAME NÉNUPHAR.

Mais je vendrais tout, plutôt !.. tout !.. jusqu'à la chemise... de mon mari... (*Se fouillant.*) Ah ! saperlotte !.. je n'ai rien sur moi !

MADAME GIBOYET, *à part.*

Elle est capable de me faire des billets !

* Mesdames C. N. G., les autres *au deuxième plan.*

MADAME NÉNUPHAR.

Ne craignez rien... je demeure à deux pas... je vole... et je reviens...

(Madame Nénuphar sort.)

SCÈNE XIV.

LES MÊMES, *moins* MADAME NÉNUPHAR*.

MADAME CONSUELO, *bas à madame Giboyet.*

Avez-vous reçu beaucoup ?

MADAME GIBOYET, *de même.*

Elles ont toutes donné... ça fait trente-quatre sous !..

MADAME CONSUELO.

Ça n'est pas gras ! Mesdames, si nous fumions ! j'ai des cigares excellents, des trabucos délicieux !

TOUTES.

C'est ça, fumons !

(Madame Consuelo leur distribue des cigares. Madame Giboyet a une pipe.)

MADAME GIBOYET.

Air des *Étudiants.*

Dans les estaminets
La femme s'émancipe ;
Maint'nant, grâce au progrès,
Je culotte la pipe.
    Fumons,
    Dansons,
    Fumons,
Jusques au jour noçons !
Et youp, youp, youp...
    (On danse sur les refrains.)

MADAME CONSUELO.

L'amour est un roman
Où le feu devient rare ;
L'allumett' c'est l'amant,
La femm' c'est le cigare.
    Fumons, etc.

MADAME LARDON.

Fumer, c'est odieux !
Beaux sexe que nous sommes,
Pour nous, il vaut bien mieux
Faire fumer les hommes !
    Dansons,
    Chantons, etc.

SCÈNE XV.

LES MÊMES, MADAME NÉNUPHAR, *chargée d'une foule d'objets, casseroles, bassinoires, bonnet à poil, bottes, cage d'oiseau avec un serin dedans, uniforme de garde national avec des galons de fourrier.*

MADAME NÉNUPHAR*.

Place ! place !.. j'apporte ma légère offrande sur l'autel de la fraternité, et c'est un peu lourd !

MADAME CONSUELO.

C'est une boutique de bric-à-brac !

MADAME GIBOYET, *à part.*

Elle est toquée !

MADAME NÉNUPHAR.

J'ai pris jusqu'aux effets de mon gredin de mari... Amis, parents, famille, bottes à l'écuyère. je mets tout sous mes pieds !

MADAME CONSUELO.

Un uniforme ?

MADAME NÉNUPHAR.

Oui, mon mari est fourrier.

MADAME CONSUELO.

Un habit de fourrier !.. J'en ferai cadeau à la *Démocratie pacifique.*

MADAME LARDON.

Une cage avec un serin !

MADAME GIBOYET.

C'est pour moi ; j'adore les serins, ils sont socialistes.

MADAME LARDON.

Vous croyez ?

MADAME GIBOYET.

Dame ! pour eux, la propriété, c'est le vol !

MADAME CONSUELO.

Nénuphar... tu as bien mérité de la patrie !

TOUTES.

Vive madame Nénuphar !..

MADAME GIBOYET.

Je lui décerne une couronne civique ! *(Elle lui pose une couronne de pain sur la tête.)*

MADAME NÉNUPHAR.

Ah ! quel jour !.. quel beau jour !.. quel grand jour !..

SCÈNE XVI.

LES MÊMES, JONQUILLE, ARMAND **.

ENSEMBLE.

JONQUILLE, *accourant avec Armand.*

Ah ! ma tante !.. ma tante !..

ARMAND.

Ah ! citoyennes !.. citoyennes !..

MADAME GIBOYET.

D'où viens-tu ?..

ARMAND.

Nous venons vous sauver !

TOUTES.

Comment ?..

ARMAND.

Ils sont là !

MADAME GIBOYET.

Qui ?

____

* Mesdames G. C. L.; les autres *au deuxième plan.*
* Mesdames C. N. G. L.

* A. G. C. N. L. les autres *au deuxième plan.*
** A. G. J. C. N. L. les autres, *au deuxième plan.*

ARMAND.

Eux !

MADAME GIBOYET.

Quels eux ?..

ARMAND.

Des hommes ! . des hommes affreux !..

TOUTES.

Nos maris !

MADAME GIBOYET.

Vos maris !.. horreur !... Fermez les portes !... (*On les ferme.*)

ARMAND.

Avec ça... j'ai vu rôder aux environs, certaines figures...

MADAME GIBOYET.

Par Saint-Just !.. nous repousserons la force par la force !.. (*On frappe à la porte du fond.*)

MADAME CONSUELO.

Les voici !... barricadons-nous !... (*On frappe plus fort.*)

TOUTES.

Aux barricades !

MADAME CONSUELO, *montant à la tribune.*

Citoyennes ! songez que du haut de leurs colonnes, quarante journaux vous contemplent !

ENSEMBLE.

Air : *Guerre aux tyrans.*

Gloire aux jupons, jamais en France
Jamais l'homme ne régnera.

(*Pendant ce chœur, elles forment des barricades avec les meubles. Madame Consuelo place Madame Nénuphar en travers d'une porte.*)

SCENE XVII.

LES MÊMES, PONETTE, JÉRUSALEM ; *tous les personnages sont placés vis-à-vis des œils-de-bœuf.*

JÉRUSALEM, *paraissant à l'œil-de-bœuf à droite de l'acteur, premier plan.*

Ah ça ! citoyennes, vous me faites rire. . vous voulez donc vous insurger ?..

MADAME CONSUELO.

Crédié ! c'est le plus saint des devoirs !

JÉRUSALEM.

Je vous somme de vous dissiper !

MADAME GIBOYET.

C'est ce que nous faisons depuis ce matin !

PONETTE, *à l'œil-de-bœuf à droite, deuxième plan.*

Citoyennes, je vous conseille de capituler !

MADAME NÉNUPHAR.

Des capitulations !.. des navets !

MADAME CONSUELO.

Pourquoi vient-on troubler ce sanctuaire ?..

JÉRUSALEM.

Je suis dans mon exercice... Le voisin Topineau a porté plainte... un meurtre a été commis.

MADAME LARDON.

C'est le chat !

JÉRUSALEM.

Il faut que je dresse procès-verbal !

MADAME CONSUELO.

Mais, Tyrolien, tu violes la liberté !

JÉRUSALEM.

Je la vénère plus que vous, la liberté !... J'en suis le fils !..

PONETTE.

Nous sommes tous ses enfants !..

JÉRUSALEM.

Ma mère en a fait la déesse, du temps de la première...

MADAME GIBOYET.

Oh ! Ciel !.. qu'ouïs-je !.. Ton nom, grand goujat, ton nom ?..

PONETTE.

Pardine ! . Jérusalem !

JÉRUSALEM.

Jérusalem ?.. Floréal !

MADAME GIBOYET.

Floréal !.. mon fils ?..

TOUTES.

Son fils !.. (*On s'empresse autour d'elle et on la soutient.*)

JÉRUSALEM.

C'est ça , maman ?... Ouvrez-moi, je descends de mon œil !.. (*Il disparaît, ainsi que Ponette; on débarrasse la porte.*)

MADAME GIBOYET.

Ah! versez-moi du cognac !.. cette reconnaissance m'a donné le hoquet !

MADAME CONSUELO.

Vieille bête, va !.. Est-ce qu'on reconnaît ses enfants !.. ça ne se fait plus !..

SCENE XVIII.

LES MÊMES, MADAME GIBELOTTE, PONETTE ET DRINDRIN *entrent par la droite*, JÉRUSALEM *entre par la gauche* [*].

JÉRUSALEM, *entrant par la gauche.*

Maman !... maman !.. où est maman ?

MADAME GIBOYET.

Ne m'approche pas, galopin !.. Je t'ai reconnu, j'ai eu tort !.. n'abuse pas d'un moment de faiblesse !

JÉRUSALEM.

Vous repoussez votre petit !

MADAME GIBOYET.

Tu ressembles trop à ton père, je n'ai jamais pu te sentir.

JÉRUSALEM.

Mais savez-vous que si je n'écoutais que mon devoir, je vous conduirais toutes chez le commissaire !

[*] A. J. N. C. D. P. C. L.

MADAME GIBOYET.

Arrêtée par mon fils!.. Ayez donc de la famille!..

MADAME CONSUELO.

Voila où ça conduit, la famille... chez le commissaire !

MADAME GIBOYET, *à son fils.*

Comment !.. tu...

JÉRUSALEM.

Mais, non ! je suis bon enfant... et la preuve, c'est que vos maris étaient là... à faire la noce... et j'ai dispersé ce rassemblement.

MADAME GIBOYET.

Ah ! le polisson !..

MADAME CONSUELO.

Le règne du jupon n'est pas encore venu !

PONETTE.

Allons ! point de rancune, mère Giboyet ! et que ce banquet socialiste finisse par des chansons !

DRINDRIN.

Oui, chantons !.. quand on a mangé du veau, on doit être gai !

MADAME CONSUELO.

Oh oui ! mes bonnes sœurs, ayons le veau gai.

VAUDEVILLE FINAL.

DRINDRIN.

Air :

> Le veau qui monte au cerveau,
>   Doit nous mettre en danse,
> Car on dit qu'il n'y a pas d' veau,
>   Sans réjouissance.

JONQUILLE.

> Pour le drapeau de l'État,
>   J' n'aim' pas l'écarlate,
> Mais sur le cœur d'un soldat,
>   Cett' couleur me flatte.

MADAME LARDON.

> La France est un grand panier
>   Rempli d'abondance,

> Il n' manqu' jamais d' cuisinier
>   Pour fair' danser l'anse.

MADAME NÉNUPHAR.

> Serait-ce pour nous vexer,
>   Qu' l'Anglais vient en France ?
> Point !... c'est pour nous voir boxer
>   En pleine séance.

ARMAND.

> Sans les tyrans, moi, j'aim'rais
>   L'État monarchique ;
> Sans les republicains j' s'rais
>   Pour la république !

PONETTE.

> Démagogues sans bonn' foi,
>   L'Italie chancelle,
> Vous criez !... mais, c'est un roi
>   Qui se bat pour elle !

DRINDRIN.

> On n'avait pas vu d' banquier
>   S' faire socialiste ;
> Un socialist' banquier
>   C'est bien plus banquiste.

MADAME CONSUELO.

> Chacun m'appelle bas bleu,
>   Quell' bêtise amère !
> Je suis plus rouge que feu,
>   Monsieur Robespierre.

MADAME GIBOYET.

> Si tout's les femm's me r'ssemblaient,
> Pour l'homm' quell's surprises ;
> Ah ! nous verrions s'ils os'raient
> Nous dir' des bêtises !

MADAME CONSUELO, *au public.*

Si vous vous êt's embêtés...

MADAME GIBOYET.

N' soyez pas plus tristes ;

MADAME CONSUELO.

Pourquoi vous êt's-vous frottés...

MADAME GIBOYET.

Aux femm's saucialistes.

FIN.

IMPRIMERIE HYDRAULIQUE DE GIROUX ET VIALAT, A LAGNY